Ediciones Ekaré

Recopilación **Ernesto Ruiz**

Ilustraciones **Kees Verkaik**

Encuéntrame

Fiestas Populares Venezolanas

San Juan Evangelista

Me llamo Oscar y soy margariteño.
Mi abuela dice que han debido po-
nerme nombre de pescado, porque
estoy todo el tiempo metido en el
agua. Hoy, que es el día de San Juan
Evangelista, lo estamos celebrando
aquí en la bahía de Juan Griego.
Como todos los años, sacan al santo de
la iglesia y lo embarcan en un peñero,
para hacer la procesión junto con los
pescadores del pueblo. Yo los veo
pasar mientras me divierto lanzán-
dome al mar.

¡Encuéntrame!

Carnaval

Me llamo Dyana y vivo en El Callao. Desde hace semanas, mi mamá ha estado cosiendo mi vestido de madama para ponérmelo en estos carnavales. Es precioso, con una pañoleta de flores y una falda llena de volantes. En la comparsa, todos bailamos al son del calypso. Vamos delante del carrito que lleva los aparatos de sonido. La música suena bien duro y todo el mundo se pone a bailar.

¡Encuéntrame!

Quema de Judas

Me llamo Nancy y vivo en El Pedregal, un barrio de Caracas. Hoy es Domingo de Resurrección y he pasado toda la tarde jugando con mis primos y amigos a las carreras de sacos, al palito mantequillero y a otros juegos que inventamos aquí. El Judas está colgado frente a mi casa y es un muñeco bien feo. Ahora, cuando está oscureciendo y caen unas gotas de agua, están quemando al Judas.
¡Encuéntrame!

Diablos de Chuao

Me llamo Jesús y nací en Chuao, un pueblo al que sólo puede llegarse por agua o caminando, pues no hay carretera. Como todos los años, el día de Corpus Christi celebramos los diablos como veneración al Santísimo Sacramento. Este año, son casi cien los diablos y es emocionante verlos todos juntos bailando, al repique del redoblante y las maracas. Yo los veo con cuidado para aprender y así poder ser diablo algún día.

¡Encuéntrame!

Velorio de Cruz de Mayo

Mi nombre es Jóvita y soy llanera de nacimiento y crianza. Como todos los años, estoy celebrando con mi familia las festividades de la Cruz de Mayo. Mi papá me ha explicado que esta devoción a la Santísima Cruz tiene que ver con la llegada de las lluvias; sin ellas, la siembra sería inútil y la cosecha poco abundante. Este año, la cruz quedó más bonita que nunca, pues nos esmeramos mucho en tejer la palma y adornarla con las flores más frescas.

¡Encuéntrame!

Baile de Negros o Tamunangue

Me llamo Celia y soy de aquí, de Curarigua. Este año estuve enferma y mi mamá le hizo una promesa a San Antonio, patrono de nuestro pueblo. Ya me curé y hoy que es el día de San Antonio, bailé con mi mamá frente a la iglesia del pueblo para pagar la promesa. Mis amigos y amigas también bailaron por mí, algunos con la vestidura del santo que es una túnica de color marrón, como la que llevo puesta ahora. Para disfrutar mejor de la fiesta, me voy a cambiar de ropa.
¡Encuéntrame!

Tambores de San Juan

Me llamo Manuel y así como mi papá, soy de Curiepe. Hoy es la fiesta de San Juan y estoy en la plaza donde la gente toca y baila en honor a nuestro santo patrono. A mí lo que más me gusta, es quedarme en la esquina donde están el tambor mina y la curbeta. Mi papá me enseña a tocar los laures sobre la madera del tambor y poco a poco, voy agarrando el ritmo. ¡Qué bulla y qué calor! Ahora mismo voy a descansar un poco y más tarde sigo tocando
¡Encuéntrame!

Las Turas

Me llamo César y vivo en Mapararí.
Todos los años, cuando llega el día de
Nuestra Señora de las Mercedes, voy
con mi mamá y mis hermanos hasta la
casa de Don Belarmino, donde se
bailan las turas. Allí montan "el palacio" decorado con frutas y mazorcas.
Estoy casi toda la noche muy cerca del
altar. A la luz de las velas, veo cómo
pasan bailando y tocando los viejos,
con sus cachos, maracas y turas. Es una
fiesta muy bonita porque se canta a las
cosechas, a los frutos de la tierra.
¡Encuéntrame!

Paradura del Niño

Me llamo Luz Marina y siempre he vivido en el Pajonal. Hoy estamos celebrando la Paradura del Niño en la casa de mi tío. A la hora de la búsqueda del Niño, mis primos y yo vamos junto con los grandes, cantando en la procesión. Me gusta llevar con cuidado mi vela, para que no se apague y así volver a casa con ella encendida. Luego, veo cómo paran al Niño Jesús en el pesebre y eso me llena de alegría.
¡Encuéntrame!

San Juan Evangelista

3 de enero
Juan Griego,
Estado Nueva Esparta

En el pueblo de Juan Griego, ubicado en la isla de Margarita, se celebran las fiestas patronales de San Juan Evangelista. Entre las actividades que se organizan para esta festividad, que incluye bailes, diversiones con los niños y juegos deportivos, está en primer plano la procesión del santo en la bahía de Juan Griego. Un gran número de embarcaciones acompaña al gran peñero donde los pescadores embarcan al santo y lo pasean desde la bahía de Juan Griego hasta poblaciones vecinas, donde el Santo es recibido con fervor. Esto se hace al ritmo de la música, del canto y las palmadas que se confunden con los motores de los botes y peñeros.

Carnaval

40 días antes de Semana Santa
El Callao,
Estado Bolívar

El Carnaval se celebra todos los años en muchas localidades de Venezuela, como en casi todos los países del mundo occidental. Desde tiempos muy antiguos, estas fiestas permiten inversiones de roles, juegos irreverentes y desfiles con disfraces, carrozas, música y baile. En El Callao, un pueblo minero del estado Bolívar, que ha sido el escenario de una gran síntesis de culturas, se celebra uno de los carnavales de mayor tradición y autenticidad en todo el país. Las raíces africanas y europeas convergen en estas fiestas con su derroche de calypso caribeño y sus alegres comparsas. Algunos de los personajes más representativos son las madamas, niñas y mujeres con coloridos trajes a la usanza de las matronas de Martinica y Guadalupe. Al frente de las comparsas pasan los diablos, con elaboradas máscaras y tridentes, y detrás siguen los músicos y cantantes y la gente que baila al compás del calypso. Los instrumentos utilizados son los tambores bumbac que se cuelgan del hombro con una correa, rallos metálicos, cua-tros, campanas y silbatos. Por las call[e] también rondan los mediopintos, co[n] sus caras y manos pintadas de negro[,] lanzando cargas de pintura a los visitantes que bailan y pasean despreve[-] nidos. Originalmente, los mediopintos solicitaban donativos a la voz [de] "¡Medio o pinto!" y castigaban a los [que] se negaban rociándolos de pintura.

uema de Judas

mingo de Resurrección
edregal,
do Miranda

Diablos de Chuao

Jueves posterior a la
Fiesta de la Santísima Trinidad
Chuao,
Estado Aragua

omingo de Semana Santa, también
ado Domingo de Resurrección, se
za la Quema de Judas; una puesta
scena popular de la condena de
s por su traición a Jesús. Muchas
s, se convierte en una ocasión para
arse de quien no se haya compor-
 bien, y el muñeco que representa
das toma las características del
o" del año. En el barrio caraqueño
l Pedregal, en la Parroquia Chacao,
elebración comienza con diversos
os de calle y una merienda para los
s. Cuando ya está avanzada la
e, se procede a la lectura del testa-
to de Judas, donde se relatan en
a de verso las noticias humorísticas
s chismes de lo que ha transcurrido
l barrio a lo largo del año. Justo al
decer, se le "pega candela" al Judas
tonces comienzan a sonar los
etes y recámaras que tiene dentro.

El día de Corpus Christi, se bailan los
diablos en muchas localidades del
centro-norte del país. Esta es una celebración muy antigua de origen español,
y la incorporación de los diablos a la
fiesta es explicada por algunos folklo-
ristas como la representación del
demonio frente al Santísimo. En el
pueblo de Chuao, tradicional centro
de cultivo de café y cacao, los hombres
agrupados en la cofradía al Santísimo
organizan la fiesta, dirigen los ensayos
e instruyen a los iniciados. Los diablos
visten trajes de telas muy llamativas,
medias altas, alpargatas, máscaras
hechas en casa con afilados cachos y
cintas de colores, y suelen cargar una
maraca y un mandador para marcar los
pasos. El instrumento principal es la
"caja" o redoblante. La fiesta comienza
el día miércoles con la caída de los
diablos frente a la iglesia. En dos filas
apretadas, los diablos se echan al suelo,
se "rinden" ante el Santísimo. El jueves,
el Santísimo es sacado en procesión
por el pueblo. En su honor, se ejecutan
diversas danzas. Los diablos bailan sin

descanso durante tres días para pagar
las promesas que han hecho a lo largo
del año. Durante la celebración, van
entrando a las casas de los miembros
de la cofradía, donde se les ofrece
bebida y alimento. Los capitanes de la
cofradía tienen la obligación de contar
a los diablos cada cierto tiempo, a fin
de detectar si el demonio se ha colado
entre ellos.

Velorio de Cruz de Mayo

A partir del 3 de mayo
Guanare,
Estado Portuguesa

El mes de mayo y la entrada de las lluvias generan en todo el territorio venezolano diversas manifestaciones relacionadas con las bondades del agua y la abundancia de la tierra. Es por esto que a partir del 3 de mayo, mes de devoción a la Santa Cruz, se celebran los velorios de Cruz de Mayo en agradecimiento a los bienes que provienen de la naturaleza. Para estos velorios, se prepara un altar con una cruz de madera o de hojas de palma tejidas. El altar se coloca al centro de un arco de palmas. Adornada con flores y pañuelos, la cruz es depositaria de las promesas que devotamente se pagan en esta ocasión. En la zona de Los Llanos, un par de cantantes entona versos a la cruz con acompañamiento de bandola, cuatro y maracas. Una larga secuencia de versos cantados dan paso finalmente al baile de joropo, con el que se concluye la parte religiosa de la celebración y se comienza la fiesta.

Baile de Negros o Tamunangue

13 de junio
Curarigua,
Estado Lara

Junio es el mes de San Antonio, un santo muy venerado en todo el país particularmente en el estado Lara. San Antonio se le invoca para recurar la salud, para encontrar los objetos perdidos y para conseguir pareja. El 13 de junio, se celebra en el pueblo Curarigua una misa en honor al santo. Luego, en medio del repique de campanas y cohetes, la imagen de San Antonio es sacada en procesión. Se cumple entonces un largo ritual de música y danzas que comienza con la Batalla, una suerte de esgrima que realizan dos hombres con sus garrotes delante del santo. Siguen otras seis secuencias, que se bailan en parejas mixtas. Estas llevan por nombre: la Bella, el Chichivamos o Yiyivamos, Juruminga, la Perrendenga, el Poco a Poco y el Seis Figuriao. Los instrumentos utilizados para marcar los ritmos incluyen el cuatro, el cinco y el seis, las maracas y el tamunango, un tambor largo de un solo parche que se toca a horcajadas.

ambores de
n Juan

e junio
epe,
do Miranda

a de San Juan Bautista, se celebran
ambores en honor al santo en toda
ona de Barlovento, en la costa norte
enezuela. El baile, así como los
os, toques y tipos de instrumentos
los en la fiesta de San Juan, tienen
gran influencia africana. Durante la
ca de la colonia, cuando había
avos en las haciendas de la zona, el
e San Juan se les permitía bailar y
ar en honor al santo patrono.
almente, en Curiepe, "los dueños
anto", es decir, la familia que por
ción custodia la imagen de San
, saca al santo el día 23 y lo coloca
n altar ubicado en la casa de la cul-
Allí, tocan sin cesar los tambores
e puya, mientras en la plaza suena
mbor mina y la curbeta. En algunos
s, se acostumbra bañar al santo en la
ianoche del día 23. Luego, el día
el santo es engalanado y llevado
a la iglesia donde se celebra la misa,
después ser sacado en procesión
el pueblo. La gente le canta y le
al santo para pagarle promesas.

Las Turas

23 de septiembre
Mapararí,
Estado Falcón

Esta celebración se lleva a cabo en
Mapararí en el estado Falcón, el día de
Nuestra Señora de las Mercedes. La
ceremonia tiene su origen en un
antiguo ritual, que ofrecían los indíge-
nas de la región a las divinidades de la
naturaleza en agradecimiento por las
cosechas recibidas. Actualmente, los
participantes bailan y cantan alrededor
del "templo" o "palacio", un arco de
palmas decorado con frutos. En medio
del palacio se clava una cruz de
madera, y alrededor se colocan trece
velas que representan a Jesús y sus
doce apóstoles. La reina con su corona
de maíz es un personaje importante en
la celebración; está siempre al lado de
la cruz, ella es la que prepara la chicha
de maíz, la bebida ritual que se con-
sumirá en la fiesta, y es la anfitriona del
baile que se celebra al caer la tarde.
Durante el baile, cada uno de los participantes invoca al espíritu de sus
antepasados muertos. La fiesta recibe
su nombre de la tura macho y la tura
hembra, unas flautas hechas de carrizo
con que se tocan los diferentes "tonos"
del baile en compañía de una maraca.

Paradura del Niño

Entre el 25 de diciembre
y el 2 de febrero
El Pajonal,
Estado Mérida

En los estados andinos, se realizan
todos los años las paraduras del Niño,
que revisten varias formas. La que se
celebra en el Pajonal, incluye el robo,
búsqueda y encuentro del Niño. En las
casas andinas, el pesebre se mantiene
hasta finales de enero. Una persona del
pueblo, sin que nadie se dé cuenta,
roba al niño de uno de los pesebres.
Los dueños de la casa llaman entonces
a los vecinos para salir en busca del
Niño y los padrinos van al frente de la
procesión, seguidos de cantantes que
tocan cuatro y violín. La procesión
recorre las casas buscando al Niño y,
cuando por fin lo encuentran, es regre-
sado a su pesebre en un pañuelo cuyas
puntas son sostenidas por los padrinos.
Los cantos son alegres y se lanzan
cohetes. El Niño es recibido en su casa
y puesto en el pesebre de pie, lo cual
simboliza que ya ha crecido y puede
caminar. De allí proviene el término
"paradura".

Edición a cargo de Verónica Uribe y Elena Iribarren
Dirección de Arte: Irene Savino
Diagramación: Alexandre Mesquita
Producción: Sandra Colmenares
© 1993 Ediciones Ekaré
Edificio Banco del Libro, Avenida Luis Roche, Altamira Sur, Caracas, Venezuela.
Todos los derechos reservados.
ISBN 980-257-115-6
Impreso en Caracas por Editorial Ex Libris, 1993.

La edición de este libro ha sido patrocinada por la **Fundación Bigott**